S0-BBC-898

Proyecto literario
Montse Sanuy

Proyecto gráfico
Violeta Monreal

Diseño de la colección
Óscar Muinelo

© SUSAETA EDICIONES, S.A.
Campezo, s/n - 28022 Madrid
Tel.: 913 009 100 - Fax: 913 009 118
www.susaeta.com
ediciones@susaeta.com

Musicando con...

Mozart

y La flauta mágica

Montse Sanuy
Violeta Monreal

susaeta

En este libro encontrarás...

Clavecín

Órgano

Violín

Mozart nació en Salzburgo (Austria) el día 27 de enero de 1756. Aunque le pusieron muchos nombres, todo el mundo le conoce por Wolfgang Amadeus. Sus padres le llamaban Wolferl.

Cantaba y tocaba muchos instrumentos: violín, órgano, viola, fortepiano, clavicémbalo. También tenía mucha gracia para bailar.

Aprendió música casi sin darse cuenta, mientras observaba a su padre, que también era músico,

y a su hermana Nannerl, que
era la mayor de los dos.

Por las noches, siempre llevaba a cabo la misma ceremonia: de pie sobre una silla, cantaba una melodía que él mismo se había inventado con palabras sin ningún significado: «Oragna figata fa, marina gamina fa». Después, besaba la punta de la nariz de su padre.

En su cabeza y en su corazón, sólo cabía la música, hasta que descubrió las matemáticas; se sentía fascinado por los números y los escribía en cualquier lugar: en las paredes, las sillas, las mesas...

—¡Mamá, mamá! —gritaba—, tengo cinco dedos en cada mano, cinco más cinco son diez.

Aunque sabía matemáticas y hablaba alemán, francés e italiano, nunca fue a la escuela; su padre, Leopoldo, también fue su maestro.

Le gustaba tanto la música que hasta la incluía en sus juegos y, por ejemplo, seguía cantando mientras «cabalgaba» sobre el bastón de su padre.

A los cinco años compuso su primera obra. Como todavía no era capaz de escribir la música, su padre lo hizo por él.

Wolfgang era un niño muy alegre. Pero esa infancia dichosa duró poco, ya que a los seis años comenzó una vida poco adecuada para un niño tan pequeño. Su padre se empeñó en presentar a ambos hermanos como «niños prodigio» dando conciertos. Y juntos iniciaron una serie de giras en pleno invierno, viajando en un carruaje frío y desvencijado. A las tres semanas regresaron a Salzburgo, los niños llenos de regalos, y su padre con mucho dinero que los personajes nobles y poderosos habían pagado por los conciertos.

Una vez viajaron en barco desde Linz hasta Viena. En la aduana había una larga cola esperando. Entonces Wolfgang dijo:

—Papá, dame el violín. Si toco ahora un minueto, nos dejarán pasar.

Y así, se conquistó a los empleados que permitieron que se «colaran» delante de todos.

Finalmente, llegaron a Viena. El plan de trabajo que su padre había preparado para los niños era agotador. Cada día daban por lo menos un concierto, yendo de acá para allá en elegantes carrozas, a casa de embajadores, condes y princesas. Mientras tanto, la cartera de papá Leopoldo seguía llenándose de dinero.

Hasta que un día..., ¡qué emoción!, recibieron una carta del emperador Francisco I y de su esposa María Teresa invitándoles al palacio de Schonbrunn, en Viena. Ellos y sus ¡16 hijos! querían conocer a aquellos «niños prodigio». El día del concierto todos se quedaron embobados con los hermanos Mozart y los más pequeños permanecieron muy atentos mientras se chupaban el dedo.

Viajaron por toda Europa, que en aquella época estaba formada por pequeñas cortes y tenía muchas fronteras.

A pesar de tanto viaje y trabajo, los niños se lo pasaban bien. En París, después de dar un concierto en casa de la marquesa de Pompadour, ésta cogió a Wolfgang y lo subió encima de una mesa para jugar con él. El niño quiso darle un beso, pero a ella no le gustó. Entonces Wolfgang, muy enfadado, le dijo:
—Hasta la emperatriz María Teresa me dejaba que le diera besos y tú no, ¿es que mandas más que ella?

Todo marchaba a las mil maravillas, a pesar de la agotadora vida que llevaban los niños. Pero no siempre estaban contentos. Un día, Leopoldo encontró a Wolfgang llorando en la cama: echaba de menos a sus amigos de Salzburgo.

Estando en Viena, hubo una terrible epidemia que mató a mucha gente. La familia Mozart huyó de la ciudad, pero Wolfgang no se libró de la viruela.

—Me pica todo y ¡estoy lleno de granos! —decía llorando.

Aunque aún no se había repuesto, su padre se empeñó en proseguir los conciertos; Wolfgang salía temblando al escenario.

Durante una tercera gira por Europa, siguieron recibiendo regalos, pero el dinero apenas daba para pagar el hospedaje.

El padre de Wolfgang enviaba todos los regalos a su casa en Salzburgo, y de ese modo luego podía presumir ante sus vecinos y amigos.

A los 18 años, Nannerl, la hermana de Wolfgang, ya era toda una señorita que no podía continuar vestida de niña. Wolfgang, con 14, seguía siendo bajito y con cara de niño.

Así que decidieron dejar a Nannerl en Salzburgo, muy enfadada, y ellos continuaron viajando. En Nápoles, Wolfgang descubrió lo ricos que estaban los helados. —¡Cómetelo enseguida! ¡Te estás pringando las manos! —le decía siempre su padre.

A Wolfgang le encantaron también las ruinas de la antigua ciudad de Pompeya, que hacía poco habían desenterrado de la lava del volcán Vesubio.

Y por fin llegaron a Roma. Allí, en la Capilla Sixtina del Vaticano, pudieron escuchar una obra religiosa, *Miserere*, del compositor Allegri, que estaba prohibido copiar bajo castigo de excomunión.

Wolfgang se concentró totalmente en la música que estaba sonando. Nota a nota, las fue grabando en su cerebro. Cuando terminó, volvieron rápidamente a casa y el joven escribió de memoria, en el pentagrama, aquella complicada obra.

Pero en el Vaticano se enteraron y llamaron a Wolfgang. Cuando el Papa vio que lo que había escrito era correcto, en vez de excomulgarlo, le otorgó una medalla de oro y una condecoración: «Caballero de la espuela de oro».

Él se la colgaba para jugar y hacer rabiar a su hermana, dándose importancia.

LONDRES
AMSTERDAM
LA HAYA
AMBERES
DUNKERQUE
GANTE
BRUSELAS
LIEJA
COLONIA
AQUISGRÁN
COBLENZA
MAINZ
FRANKFURT
MANNHEIM
LUDWIGSBURG
NANCY
ESTRASBURGO
ULM
AUGSBURGO
MÚNICH
SALZBURGO
LINZ
PARÍS
DIJON
ZÚRICH
INN
INNSBRUCK
LAUSANA
BOLZANO
GINEBRA
TRENTO
LYON
BRESCIA
VENECIA
VERONA
MILÁN
PADUA
TURÍN
MANTUA
PARMA
BOLONIA
FLORENCIA
ROMA
NÁPOLES

BERLÍN
LEIPZIG
DRESDE
PRAGA
BRNO

Canal de la Mancha
Weser
Elba
Óder
Meno
Rin
Maas
Sena
Saona
Drau
Save
Inn
Po
Tíber

Aunque los primeros éxitos los tuvo como intérprete, a los 14 años le gustaba la ópera y ya se interesaba por componer las suyas propias. Como *Bastián y Bastiana*, en la que una pareja de novios se pelean entre sí.

Wolfgang y su padre regresaron a Salzburgo y, ¡cosa rara!, permanecieron en esta ciudad durante casi un año. Entonces conoció a otros jóvenes de su edad y, por primera vez, sintió que tenía amigos. En una carta relataba que se había pasado toda una tarde inventando versos divertidos con palabras que rimasen con caca, culo, pedo, mocos, etc.

22   En esta época, Wolfgang también empezó a trabajar a las órdenes del arzobispo de la corte de Salzburgo; su puesto era el de «director de conciertos». Pero al cabo de un tiempo el arzobispo murió. Llegó uno nuevo que no le daba permisos para sus conciertos y, en cambio, le obligaba a acompañarle en los viajes

Durante una estancia con él en Viena, discutieron y Wolfgang se negó a regresar a Salzburgo, así que se quedó en aquella ciudad.

En su bolsillo llevaba siempre un cuaderno. Si la inspiración le

venía de pronto, ¡zas!, escribía sus notas en el pentagrama. Como en aquellos tiempos no existía la fotocopiadora, uno de los oficios entre los músicos era el de copista. Así conoció al señor Weber y también a sus hijas, una de las cuales se convertiría más adelante en su esposa.

En su corta vida, le ocurrieron muchas cosas a este importantísimo y singular personaje pero, si quieres aprender más sobre Mozart, escucha atentamente su música.

24

LA FLAUTA MÁGICA

No es sólo un cuento fantástico, sino también una hermosa ópera. Si tienes ocasión de asistir a su representación, lo podrás descubrir tú mismo.

Ésta fue la última ópera que escribió. Se estrenó el día 30 de septiembre de 1791, poco antes de su muerte.

Emanuel Schikaneder, cantante y escritor, era amigo de Mozart. Tenía un teatro ambulante cerca de la ciudad de Viena. Como su negocio iba muy mal, pensó que, con la ayuda de su amigo, quizás podría cambiar su suerte. Por eso le pidió que escribiera la música para el libreto que él había preparado.

Como se trataba de un encargo urgente, Mozart tuvo que trabajar muy deprisa. Su amigo lo instaló en una casita de madera junto al teatro. Allí le daba de comer y así lo tenía controlado.

PRÍNCIPE TAMINO (tenor)

Protagonista

PAPAGENO (barítono)

Pajarero

TRES DAMAS / TRES MUCHACHOS

REINA DE LA NOCHE (soprano)

Madre de Pamina

PAMINA (soprano)

Princesa

MONOSTATOS (tenor)

Guardián de la princesa

SARASTRO (bajo)

Hechicero, brujo

PAPAGENA (soprano)

Pareja de Papageno

Tamino es un joven príncipe y cazador inexperto que vive en el antiguo Egipto. Quiere matar a un enorme dragón que anda suelto por el bosque atemorizando a todo el mundo. Como es un poco miedoso, en cuanto aparece el monstruo se lleva un gran susto, tropieza y cae desmayado.

Pero en aquel momento llegan tres damas fantásticas que matan al dragón y, acercándose a Tamino, exclaman:
—¿Quién será este chico tan guapo? —y desaparecen enseguida.

Por allí anda Papageno vagabundeando y cantando:
—Estoy triste y solo. Llevo la jaula llena de pájaros, pero ¡ninguna chica me quiere!

◎ **1** «Aria de Papageno» (2:50)

Cuando Tamino vuelve en sí y comprueba que el dragón está muerto, se pone muy contento. Entonces ve a Papageno, que se hace pasar por su salvador:
—Menos mal que llegué a tiempo para sacarte de sus garras.

Pero entonces aparecen las tres damas y lo aclaran todo: ellas habían matado al dragón.

Como damas de la Reina de la Noche, tienen poderes mágicos y castigan al pajarero cerrándole la boca con un candado.

—¡Hablas demasiado! Así ya no contarás más mentiras.

Escucha lo divertida que suena esta escena entre Tamino, las tres damas y Papageno: «Hm, hm, hm...».

2 «Quinteto con Tamino, Papageno y tres damas» (fragmento) (00:40)

Las damas, impresionadas por la belleza del príncipe, quieren «ligar» con él. Pero antes deben cumplir una misión encomendada por la Reina de la Noche y así, le cuentan:

—Has de ir a rescatar a la princesa Pamina. ¡La tiene secuestrada el malvado Sarastro!

Y le muestran un retrato de la princesa, que, como siempre ocurre en los cuentos, es una muchacha muy bella.

El príncipe no sabe cómo reaccionar. El encargo de las damas le asusta mucho, pero está fascinado por la hermosura de la princesa y le entristece pensar que está prisionera de Sarastro.

Escucha cómo lo expresa cantando.

3 «Aria de Tamino» (2:45)

Por si no estaba convencido de que debe ir a salvar a Pamina, de repente aparece la Reina de la Noche acompañada de rayos y truenos.

El espectáculo es realmente impresionante. La Reina va vestida de plata y canta así:

—Tamino, ¡me siento muy triste!, os ruego que salvéis a mi hija, la princesa.

🔘 **4** «Aria de la Reina de la Noche» (2:48)

De pronto descubre a Papageno y, creyendo que es un criado del príncipe, le ordena que le acompañe en su difícil misión. Con sus poderes mágicos, le libra del candado y el pajarero puede volver a hablar.

Sin embargo, a pesar de haberle librado del embrujo, Papageno no quiere acompañar al príncipe. Él vivía libre y contento buscando pájaros en el bosque y lo que ahora le pide la Reina es una aventura muy peligrosa. Protesta:

—Señora, yo no entiendo de estas cosas, ¡soy sólo un pobre pajarero!

Pero la Reina le fulmina con la mirada.

Así pues, al pobre de Papageno no le queda otro remedio que aceptar el encargo.

Las damas regalan al príncipe una flauta mágica.

—Hazla sonar cuando te encuentres en peligro y alguien acudirá en tu ayuda.

Después, la Reina de la Noche ofrece también un regalo a Papageno: unas campanillas de plata que le protegerán frente a los malvados. Su poder consiste en que, al hacerlas sonar, todos comienzan a bailar muy contentos, pero no pueden parar hasta que caen al suelo desmayados.

Después de eso, con gran estruendo, la Reina de la Noche desaparece seguida por las tres damas.

Los intrépidos Tamino y Papageno no saben por dónde empezar a buscar. Están desorientados: sin mapas, ni móvil, ni siquiera una brújula.

De pronto, escuchan unas pisadas y oyen unas ramas que se mueven, ¡qué susto! «¿Qué será?, ¿otro monstruo?», se preguntan. Por suerte para ellos, no es así. Se trata de tres simpáticos muchachos dispuestos a ayudarles:

—Sabemos que queréis salvar a Pamina y vamos a guiaros hasta la salida del bosque.

Una vez en el camino, les dejan solos, pero antes les avisan:

—Recordad que debéis ser muy prudentes.

No lo olvidarán. Cuando ya sus fuerzas empiezan a flaquear, ven a lo lejos un gran castillo.

El corazón de Tamino comienza a latir muy deprisa. «Sé que allí dentro está la hermosa princesa», piensa, pero no dice nada.

Como el castillo es grandísimo y tiene muchas puertas, el príncipe y Papageno deciden separarse para ver quién tiene más suerte y la encuentra antes.

Todo lo que ocurre entonces es fantástico. Los personajes que parecen buenos (como la Reina de la Noche) son malvados.

Papageno se encuentra con unos guardianes del castillo que quieren detenerle. Él hace sonar las campanillas de plata y todos se ponen a bailar como locos. Entonces Papageno aprovecha la ocasión para escaparse y adentrarse en el castillo.

Mientras tanto, el príncipe ha logrado encontrar la estancia donde la princesa llora desconsolada, custodiada por Monostatos, que se pasa el rato cantando.

5 «Aria de Monostatos» (1:12)

Aunque el príncipe ya no es un miedica, sino un joven muy valiente, enseguida se da cuenta de que está en un aprieto. Pero pronto se acuerda de la flauta mágica y la hace sonar.

Al instante acude Papageno en su ayuda.

—¡Tenemos que vencer a Monostatos!

Entre los dos derrotan al guardián de la princesa. Pamina se abraza a Tamino y le da las gracias por salvarle la vida.

Al momento aparece Sarastro, que en realidad no es un hechicero sino un sacerdote bueno que había rescatado a la princesa de las garras de la Reina de la Noche y sus tres damas, que la tenían siempre encerrada.

¿Y sabes cómo termina este cuento...? Escucha cómo Sarastro, al ver al príncipe tan enamorado, le dice que para merecer el amor de la princesa tiene que pasar todavía por unas duras pruebas:

—Así podrás demostrar tu bondad y valentía.

6 «Aria de Sarastro» (1:17)

También Papageno encuentra su amor y ¡qué casualidad!, ella se llama Papagena; sin embargo, al igual que el príncipe, también debe superar pruebas difíciles y muy peligrosas.

Escucha cómo cantan los enamorados.

7 «Aria de Papageno y Papagena» (2:28)

¿Sabías que...?

El **violín** se empieza a utilizar a comienzos del siglo XVI. Sus antepasados son la vihuela, la viola y el rabel. Antiguamente se tocaban sus cuerdas pellizcándolas con los dedos. El **arco** nos llegó de Oriente. Con él se frotan las cuerdas para hacerlas sonar; es de madera y las cerdas son de crin de caballo.

Aunque es un instrumento pequeño, se le considera el «rey de los instrumentos».

El **violín** está formado por muchas piezas y varias partes fundamentales:

Caja de resonancia: Es de madera y la tapa superior tiene dos aberturas en forma de S que le facilitan la salida del sonido.

Mástil: Sobre él se sitúan las cuerdas tensas. Está cubierto por una lámina de madera llamada diapasón.

Cuerdas: Tiene cuatro. La más aguda es de metal; las otras tres son de tripa de cordero reforzadas con metal.

Clavijero: Se sitúa al final del mástil. Sirve para sujetar las clavijas en las que se enrollan las cuerdas.

Puente: Su misión es transmitir la vibración de las cuerdas a la caja de resonancia.

Cejilla: Lugar donde se apoyan las cuerdas.

Alma: Es una pequeña pieza cilíndrica situada dentro de la caja de resonancia, que hace más bello el sonido.

Escucha cómo suena el violín acompañado por la orquesta:

8 *Concierto para violín y orquesta nº 5*
«Rondó» (fragmento) (1:39)

40

1756 El 27 de enero nace, en la ciudad de Salzburgo, Joannes Chrysostomus Wolfgang Theophilus Mozart. Es el séptimo hijo de Leopoldo y Anna Maria. De sus hermanos sólo sobrevive Maria Anna, a la que llaman Nannerl, que es cuatro años y medio mayor que él.

1761 Compone su primera obra, un minueto que le transcribe su padre.

1762 Con su padre y su hermana realizan la primera gira de conciertos en Múnich y Viena.

1763 Inician un viaje por Europa, que durará tres años. Dan conciertos en Alemania, Bélgica, Holanda, Inglaterra, Francia y Suiza.
   Compone su primera sinfonía.

1767 Estreno de su primera ópera.

1768 Compone dos óperas que se estrenan en Viena.

1769 Es nombrado tercer «maestro de conciertos» de la Capilla de Palacio en la Corte de Salzburgo, bajo las órdenes del arzobispo Schrattenbach.
   En Roma, el Papa le nombra «Caballero de la espuela de oro».

1758 Cuando Mozart cumple 2 años, Goya tiene doce y se inicia como aprendiz de pintor.

1767 Cuando Mozart tiene 11 años, hay una gran epidemia de viruela en Viena y los alrededores, y él se contagia.

1769 Cuando Mozart tiene 13 años, nace Napoleón Bonaparte.
   Y James Watt inventa la máquina de vapor.

1770 Cuando Mozart tiene 14 años, nace en Bonn, Alemania, Ludwig van Beethoven.

Viaja con su padre por Italia dando conciertos a la vez que estudia.

Copia «de oído» una obra sacra, *Miserere*, de Allegri.

1771 Es nombrado «maestro honorífico de capilla» de la Academia de Verona.

Recibe muchos encargos de composiciones.

1773 La familia Mozart cambia de vivienda en su ciudad natal, Salzburgo.

1774 Compone su primer concierto para piano y orquesta.

1777 Le despiden por primera vez de su trabajo. Realiza una serie de conciertos en Alemania.

1773 Cuando Mozart tiene 17 años, el capitán Cook cruza el círculo polar antártico en barco.

1774 Cuando Mozart tiene 18 años, el francés Alexis Duchâteau inventa los primeros dientes postizos a medida.

1776 Cuando Mozart tiene 20 años, se produce la Declaración de Independencia americana.

1782 Cuando Mozart tiene 26 años, se inventa el globo aerostático.

Muere Johann Sebastian Bach.

1778 En la ciudad de Mannheim conoce a la familia Weber. Una de sus hijas, llamada Aloysia, es cantante. Wolfgang se enamora de la joven.

Prosigue su viaje a París, obligado por su padre. Su madre muere allí.

1779 Regresa solo a Salzburgo. Entra de nuevo al servicio de la Corte, como organista y maestro de conciertos.

En este tiempo compone muchas obras importantes, como la *Misa de la Coronación,* y algunas sinfonías.

1780 En Múnich prepara el estreno de su ópera *Idomeneo,* en la que colabora su padre.

1781 Rompe definitivamente su relación laboral con el arzobispo de Salzburgo.

Se instala en Viena como compositor sin ataduras laborales.

1782 A pesar de no obtener el permiso de su padre, se casa con Constance Weber (hermana de Aloysia).

Escribe muchísimas obras, entre ellas tres conciertos para piano y orquesta.

1783 Nace su primer hijo, que muere a los dos meses.

Viaja a Salzburgo con su esposa para que conozca a su padre.

1784 Cuando Mozart tiene 28 años, Benjamin Franklin inventa las gafas bifocales.

1785-86 Cuando Mozart tiene 29-30 años, nacen en Hesse, Alemania, los hermanos Grimm, autores de cuentos como *Caperucita Roja.*

1784 Nace su segundo hijo.

Compone cuatro conciertos para piano y orquesta.

Entra a formar parte de una logia masónica.

1786 Estreno de *Las Bodas de Fígaro,* en el Teatro Nacional de Viena.

1787 Viaja con Constance a Praga. Allí le encargan una ópera.

Muere su padre en Salzburgo.

Nace su primera hija.

1788 Muere su hija.

Escribe sus tres últimas sinfonías y tres tríos para piano y cuerda.

1789 Viaja a Dresde, donde conoce a Federico Guillermo II de Prusia, al que dedica unos cuartetos de cuerda.

Compone un quinteto con clarinete.

1790 Estreno de la ópera *Cosi fan tutte.*

Viaja a Frankfurt con motivo de la coronación de Leopoldo II.

1791 Estreno en Viena de la ópera *La flauta mágica,* que dirige él mismo.

Nace su hijo Franz Xavier Wolfgang.

Le encargan el *Réquiem.*

Su salud se deteriora y muere el día cinco de diciembre en Viena

Su discípulo y amigo, Franz Xavier Sussmayer, concluye el *Réquiem.*

Wolfgang Amadeus Mozart es enterrado en una fosa común.

1789 Cuando Mozart tiene 33 años, se produce la toma de la Bastilla, que dio lugar a la Revolución Francesa.

Se proclama la «Declaración de los derechos del hombre».

Abolición de la ley sálica.

Dos años antes de morir Mozart, nace Kitagawa Utamaro, el artista más conocido de la pintura japonesa.

1790 Cuando Mozart tiene 34 años, se inventa la hélice.

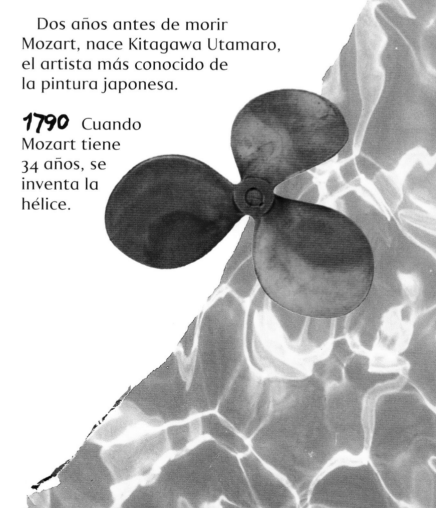

A

Acorde: Tres o más sonidos que suenan simultáneamente.

Agudos: Sonidos superiores de la escala.

B

Bajo: Voz masculina. Es la más grave entre las voces humanas.

Barítono: Voz masculina, de altura intermedia entre las de tenor y bajo.

C

Clavicémbalo o clavecín: Instrumento musical que recuerda al piano de media cola.

Compositor: Creador de obras musicales.

Contralto: Voz femenina, más grave que la de la soprano.

Crescendo: Aumento progresivo de la intensidad del sonido.

D

«De oído»: Interpretar o escribir música sin haberla visto escrita en el pentagrama.

F

Flauta: Instrumento de viento.

Fortepiano: Instrumento antecesor del piano.

G

Graves: Sonidos inferiores de la escala.

L

Libreto: Obra dramática escrita para ser puesta en música.

M

Melodía: Sucesión de sonidos ordenados que forman una idea musical.

Minueto: Antigua danza francesa de origen popular, de estilo ceremonioso, que se bailaba luego en salones y palacios.

N

Niño prodigio: Aquel que tiene una inteligencia excepcional y habilidades propias de los adultos.

O

Ópera: Espectáculo musical en el que se combinan el teatro, la música y la danza.

P

Partitura: Escritura de todas las voces e instrumentos que intervienen en una obra musical, de forma que se pueda hacer una lectura simultánea.

Pentagrama: Serie de cinco líneas horizontales y paralelas entre sí; en ellas y sus espacios se escribe la música.

R

Ritardando: Disminución gradual de la velocidad.

Ritmo: Elemento fundamental de la música: es la organización de las distintas duraciones y acentos de los sonidos y silencios.

S

Sinfonía: Composición instrumental para orquesta.

Soprano: Voz femenina. Es la más aguda entre las voces humanas.

T

Tenor: La voz masculina más aguda.

Timbre: Cualidad del sonido, por la que podemos reconocer cuál es la voz o instrumento que suena.

9 Exultate Jubilate

«Aleluya» (fragmento) (2:39)

Se trata de una obra religiosa que escribió a los 17 años.

Aunque Mozart compuso esta obra para una voz masculina de castrato, que es una voz de hombre tan aguda que parece la de un niño, actualmente la interpretan las sopranos.

Escucha el final.

10 Serenata nocturna

«Minueto» (fragmento) (2:15)

A nuestro compositor le gustaba mucho bailar minuetos. Imagínatelo ahora mientras escuchas éste.